AF221971

Impressum
Verlag: BABADADA GmbH, Nedderfeld 112 , 22529 Hamburg
Geschäftsführer / Verlagsleitung: Harald Hof
Druck: Books on Demand GmbH, In de Tarpen 42, 22848 Norderstedt

Imprint
Publisher: BABADADA GmbH, Nedderfeld 112 , 22529 Hamburg, Germany
Managing Director / Publishing direction: Harald Hof
Print: Books on Demand GmbH, In de Tarpen 42, 22848 Norderstedt, Germany

مدرسه
学校

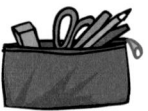

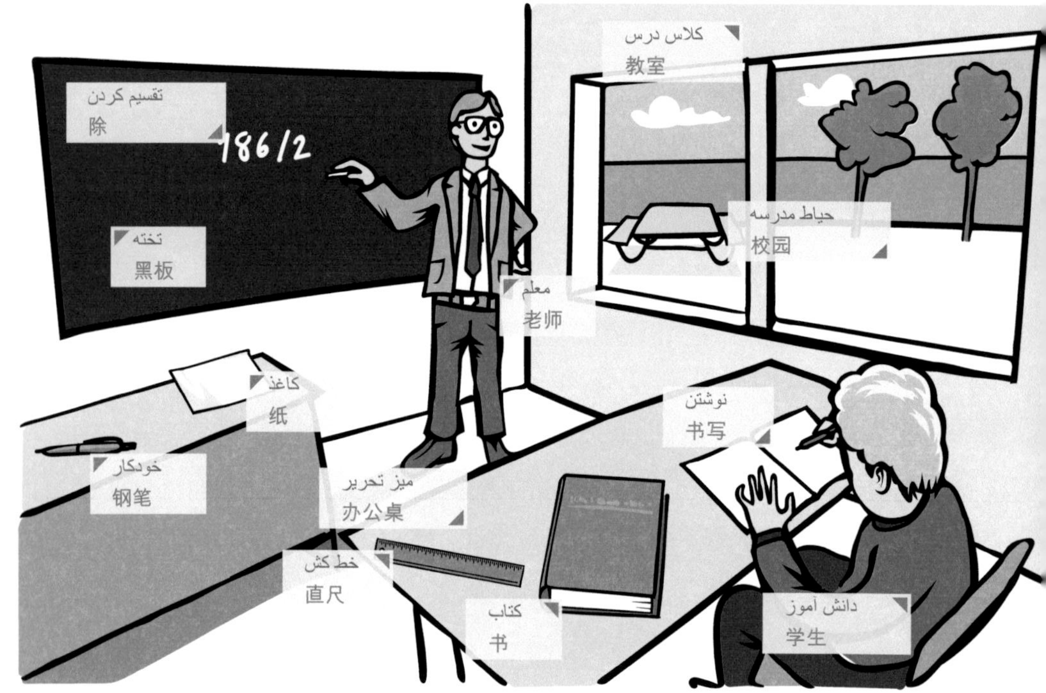

کلاس درس
教室
تقسیم کردن
除
186/2
تخته
黑板
حیاط مدرسه
校园
معلم
老师
کاغذ
纸
نوشتن
书写
خودکار
钢笔
میز تحریر
办公桌
خط کش
直尺
کتاب
书
دانش آموز
学生

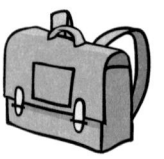

کیف مدرسه
书包

جامدادی
铅笔盒

مداد
铅笔

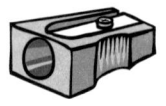

تراش
卷笔刀

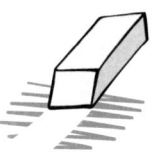

پاک کن
橡皮擦

دفتر رسم
画板

طراحی

图画

قلم مو

画笔

جعبه ی آبرنگ

颜料盒

قیچی

剪刀

چسب

胶水

کتاب تمرین

练习册

تکلیف خانه

家庭作业

12

رقم

数字

2+2

جمع کردن

加

5-2

تفریق کردن

减

2×2

ضرب کردن

乘

محاسبه کردن

计算

A

حرف الفبا

字母

ABCDEFG
HIJKLMN
OPQRSTU
VWXYZ

الفبا

字母表

hello

کلمه

字

متن

课文

خواندن

读

گچ

粉笔

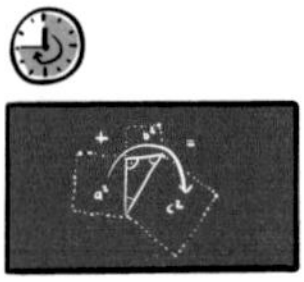

درس

上课

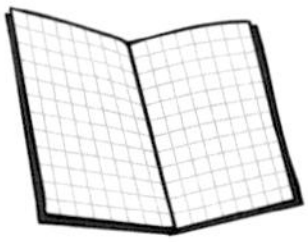

ثبت نام

登记

امتحان

考试

مدرک رسمی

证书

لباس مدرسه

校服

تحصیلات

教育

دانشنامه

百科全书

دانشگاه

大学

میکروسکوپ

显微镜

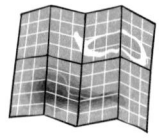

نقشه

地图

سبد کاغذ باطله

废纸篮

سفر
旅行

هتل
酒店
مسافرخانه
صرافی
外币兑换处
چمدان
手提箱
اتومبیل
汽车

زبان

语言

بله / خیر

是/否

اُکی

好的

سلام

您好

مترجم

翻译员

ممنون

谢谢

قیمت ... چه قدر است؟

……多少钱？

من متوجه نمی شوم

我不明白

مشکل

问题

عصر بخیر! / شب بخیر!

晚上好！

صبح بخیر!

早上好！

شب بخیر!

晚安！

خدانگهدار

再见

جهت

方向

بار سفر

行李

کیف

包

کوله پشتی

双肩包

مهمان

客人

اتاق

房间

کیسه خواب

睡袋

خیمه

帐篷

مرکز راهنمای گردشگران

旅游信息

ساحل

海滩

کارت اعتباری

信用卡

صبحانه

早餐

نهار

午餐

شام

晚餐

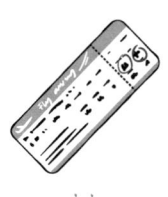

بلیط

票

آسانسور

电梯

مهر

邮票

مرز

边界

گمرک

海关

سفارتخانه

大使馆

ویزا

签证

گذرنامه

护照

حمل و نقل
交通运输

هواپیما
飞机
کشتی
船
ماشین آتش نشانی
消防车
اتوبوس
کامیون
卡车
قایق موتوری
汽艇
دوچرخه
自行车
اتومبیل
汽车

کشتی مسافربری

摆渡船

قایق

小船

موتورسیکلت

摩托车

ماشین پلیس

警车

ماشین مسابقه

赛车

ماشین کرایه ای

租车

به اشتراک گذاری اتوموبیل

拼车

جرثقیل

拖车

ماشین حمل زباله

垃圾车

موتور

发动机

بنزین

汽油

پمپ بنزین

加油站

تابلو راهنمایی و رانندگی

交通标志

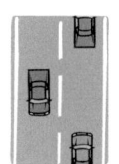

عبور و مرور

交通

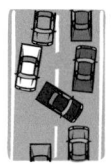

ترافیک

交通堵塞

پارکینگ

停车场

ایستگاه قطار

火车站

ریل راه آهن

轨道

قطار

火车

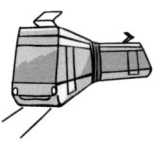

قطار برقی

电车

واگن

货车

هلیکوپتر

直升机

فرودگاه

机场

برج

塔

مسافر

乘客

کانتینر

集装箱

کارتن

纸板箱

گاری

手推车

سبد

篮子

به پرواز درآمدن / فرود آمدن

起飞/降落

شهر

城市

دهکده

村庄

مرکز شهر

市中心

خانه

房子

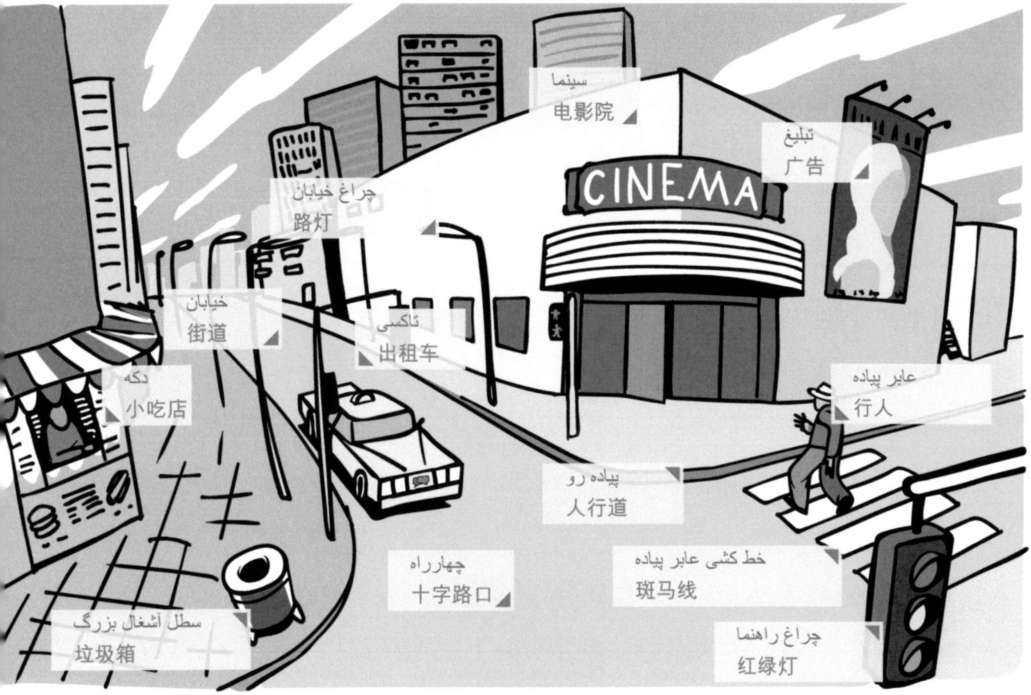

CINEMA
سینما
电影院
تبلیغ
广告
چراغ خیابان
路灯
خیابان
街道
تاکسی
出租车
دکه
小吃店
عابر پیاده
行人
پیاده رو
人行道
چهارراه
十字路口
خط کشی عابر پیاده
斑马线
سطل آشغال بزرگ
垃圾箱
چراغ راهنما
红绿灯

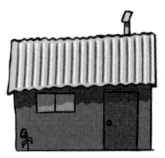

کلبه

小屋

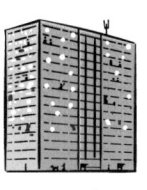

آپارتمان

公寓

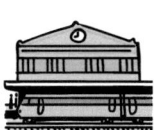

ایستگاه قطار

火车站

ساختمان شهرداری

市政厅

MUSEUM

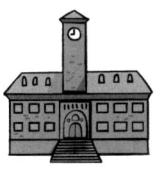

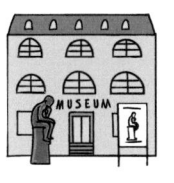

موزه

博物馆

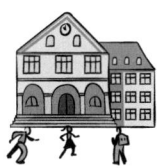

مدرسه

学校

دانشگاه

大学

بانک

银行

بیمارستان

医院

هتل

酒店

داروخانه

药房

اداره

办公室

کتابفروشی

书店

مغازه

商店

گل فروشی

花店

سوپرمارکت

超市

بازار

市场

فروشگاه بزرگ

百货商店

ماهی فروش

鱼店

مرکز خرید

购物中心

بندر

海港

پارک

公园

نیمکت

长凳

پل

桥

پله

楼梯

مترو

地铁

تونل

隧道

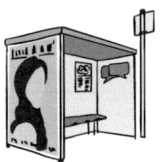

ایستگاه اتوبوس

公交车站

میخانه

酒吧

رستوران

餐馆

صندوق پست

邮筒

تابلوی خیابان

路标

دستگاه پارکومتر

停车计时器

باغ وحش

动物园

استخر شنای عمومی

游泳馆

مسجد

清真寺

مزرعه

农场

آلودگی محیط زیست

污染

قبرستان

墓地

کلیسا

教堂

زمین بازی

操场

معبد

寺庙

چشم انداز

地形

برگ
树叶
تابلوی راهنمای مسیر
指示牌
راه
路
چمنزار
سنگ
石头
راه نورد
徒步旅行者
درخت
树
رودخانه
河
چمن
草
گل
花

دره

峡谷

تپه

山

دریاچه

湖

جنگل

森林

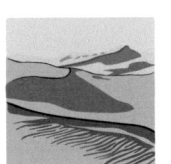

بیابان

沙漠

کوه آتشفشان

火山

قلعه

城堡

رنگین کمان

彩虹

قارچ

蘑菇

درخت نخل

棕榈树

پشه

蚊子

مگس

苍蝇

مورچه

蚂蚁

زنبور

蜜蜂

عنکبوت

蜘蛛

سوسک

甲虫

قورباغه

青蛙

سنجاب

松鼠

جوجه تیغی

刺猬

خرگوش صحرایی

野兔

جغد

猫头鹰

پرنده

鸟

قو

天鹅

گراز

野猪

گوزن نر

鹿

گوزن شمالی

麋鹿

سد آب

水坝

توربین بادی

风力发电机

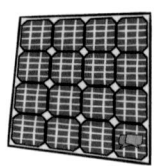

صفحه ی خورشیدی

太阳能电池板

آب و هوا

气候

رستوران

餐馆

服务员
منوی غذا
菜单
صندلی
椅子
سوپ
汤
پیتزا
披萨饼
سرویس کارد و قاشق و چنگال
رومیزی
桌布

پیش‌غذا

前菜

غذای اصلی

主菜

دسر

甜点

نوشیدنی ها

饮料

غذا

食物

بطری

瓶子

فست فود

快餐

اغذیه خیابانی

街边小吃

قوری

茶壶

قندان

糖盒

پُرس غذا

一份饭菜

دستگاه اسپرسو

意式咖啡机

صندلی پایه بلند غذاخوری بچه

高脚椅

صورتحساب

账单

سینی

托盘

چاقو

刀

چنگال

餐叉

قاشق

勺子

قاشق چایخوری

茶匙

دستمال سفره

餐巾

لیوان

玻璃杯

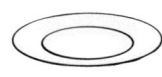

بشقاب

碟子

بشقاب سوپخوری

汤盘

نعلبکی

碟子

سس

酱

نمکدان

盐瓶

فلفل ساب

胡椒磨

سرکه

醋

روغن خوراکی

食用油

ادویه جات

调味料

سس کچاپ

番茄酱

سس خردل

芥末

سس مایونز

蛋黄酱

سوپرمارکت
超市

پیشنهاد ویژه
特价
مشتری
顾客
لبنیات
乳制品
میوه جات
水果
چرخ دستی خرید
购物车

قصابی

肉铺

نانوایی

面包房

وزن کردن

称重

سبزیجات

蔬菜

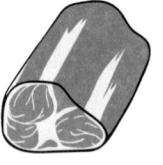

گوشت

肉

غذای منجمد

冷冻食品

مخلوطی از انواع کالباس یا پنیر که ورقه ای بریده شده باشند

冷盘

غذای کنسروی

罐头食品

پودر لباسشویی

洗衣粉

شیرینی جات

甜食

لوازم خانگی

日用品

ماده شوینده و پاک کننده

清洁用品

فروشنده

销售員

صندوق پرداخت

收银机

صندوقدار

收银员

لیست خرید

购物清单

ساعات کار

开放时间

کیف پول

钱包

کارت اعتباری

信用卡

کیف

袋子

کیسه ی پلاستیکی

塑料袋

نوشیدنی ها
饮料

آب

水

آبمیوه

果汁

شیر

牛奶

نوشابه کوکاکولا

可乐

شراب

红酒

آبجو

啤酒

الکل

酒

کاکائو

可可

چای

茶

قهوه

咖啡

قهوه اسپرسو

意式浓缩咖啡

کاپوچینو

卡布奇诺

غذا
食物

موز

香蕉

سیب

苹果

پرتقال

橙子

انواع هندوانه و خربزه

西瓜

لیمو

柠檬

هویج

胡萝卜

سیر

大蒜

نی بامبو

竹子

پیاز

洋葱

قارچ

蘑菇

آجیل

坚果

ماکارونی

面条

اسپاگتی

意大利面条

برنج

米饭

سالاد

沙拉

سیب زمینی سرخ کرده

薯条

سیب زمینی سرخ شده

炸土豆

پیتزا

披萨饼

همبرگر

汉堡包

ساندویچ

三明治

شنیتسل

炸猪排

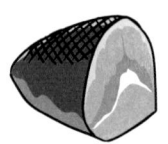

ژامبون خوک

火腿

سالامی

萨拉米

سوسیس

香肠

مرغ

鸡肉

نوعی گوشت سرخ شده

烤肉

ماهی

鱼

جوی پرک شده

燕麦片

نوعی صبحانه مخلوطی از برگه ذرت و
میوه های خشک شده و خشکبار که
معمولا با شیر خورده می شود

穆兹利

کورن‌فلکس

玉米片

آرد

面粉

کرواسان

羊角面包

نان بروتشن

面包卷

نان

面包

نان تست

烤面包

بیسکویت

饼干

کره

黄油

کشک

凝乳

کیک

蛋糕

تخم مرغ

蛋

تخم مرغ نیمرو

煎蛋

پنیر

奶酪

بستنی

冰激凌

شکر

糖

عسل

蜂蜜

مربا

果酱

کرم شکلاتی بادامی

巧克力酱

ادویه کاری

咖喱饭

مزرعه
农场

خانه ی مزرعه داران
خرمن‌گاه
稻草捆
انبار غله
粮仓
مزرعه
田野
اسب
马
ماشین یدک کش
拖车
تراکتور
拖拉机
کره اسب
马驹
خر
驴
گوسفند
羊
بره
羔羊

بز
山羊

گاو ماده
奶牛

گوساله
牛犊

خوک
猪

بچه خوک
小猪

گاو نر
公牛

غاز

鹅

اردک

鸭

جوجه

小鸡

مرغ

母鸡

خروس

公鸡

موش صحرایی

鼠

گربه

猫

موش

老鼠

گاو نر اخته

牛

سگ

狗

لانه ی سگ

狗屋

شلنگ باغبانی

花园浇水软管

آبپاش

洒水壶

داس دسته بلند

长柄大镰刀

گاوآهن

犁

داس

镰刀

کج بیل

锄头

چنگک باغبانی

长柄草耙

تبر

斧头

فرقون

独轮手推车

آبشخور

饲料槽

بطری نگهداری شیر

牛奶罐

کیسه

麻布袋

حصار

栅栏

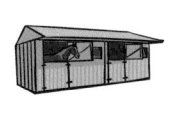
اصطبل

马厩

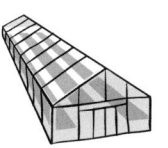
گلخانه

温室

خاک

土壤

بذر

种子

کود

肥料

ماشین کمباین

联合收割机

برداشت کردن محصول

收割

محصول

收割

تمیس

山药

گندم

小麦

سویا

大豆

سیب زمینی

土豆

ذرت

玉米

کلزا

油菜籽

درخت میوه

果树

گیاه مانیوک

树薯

غلات

谷物

خانه

房子

دودکش
烟囱
پشت بام
屋顶
ناودان
落水管
پنجره
窗户
گاراژ
车库
زنگ در
门铃
در
门
سطل آشغال
垃圾桶
صندوق مراسلات
信箱
باغ
花园

اتاق نشیمن

客厅

حمام

浴室

آشپزخانه

厨房

اتاق خواب

卧室

اتاق بچه

儿童房

ناهارخوری

餐厅

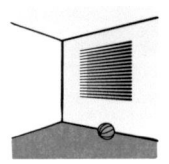

كف زمين

地板

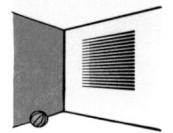

ديوار

墙壁

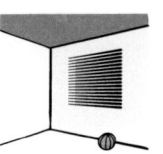

سقف

吊顶

زيرزمين

地窖

سونا

桑拿

بالکن

阳台

تراس

露台

استخر

游泳池

ماشين چمنزنی

割草机

ملافه

被单

روتختی

床罩

تخت خواب

床

جارو

扫帚

سطل

水桶

سويچ يا كليد

开关

اتاق نشیمن

客厅

کاغذ دیواری
壁纸
عکس
照片
لامپ
台灯
قفسه
搁架
کابینت
橱柜
تلویزیون
电视机
شومینه
壁炉
گل
花
کوسن
垫子
کاناپه
沙发
گلدان
花瓶
کنترل تلویزیون و ویدئو و غیره
遥控器

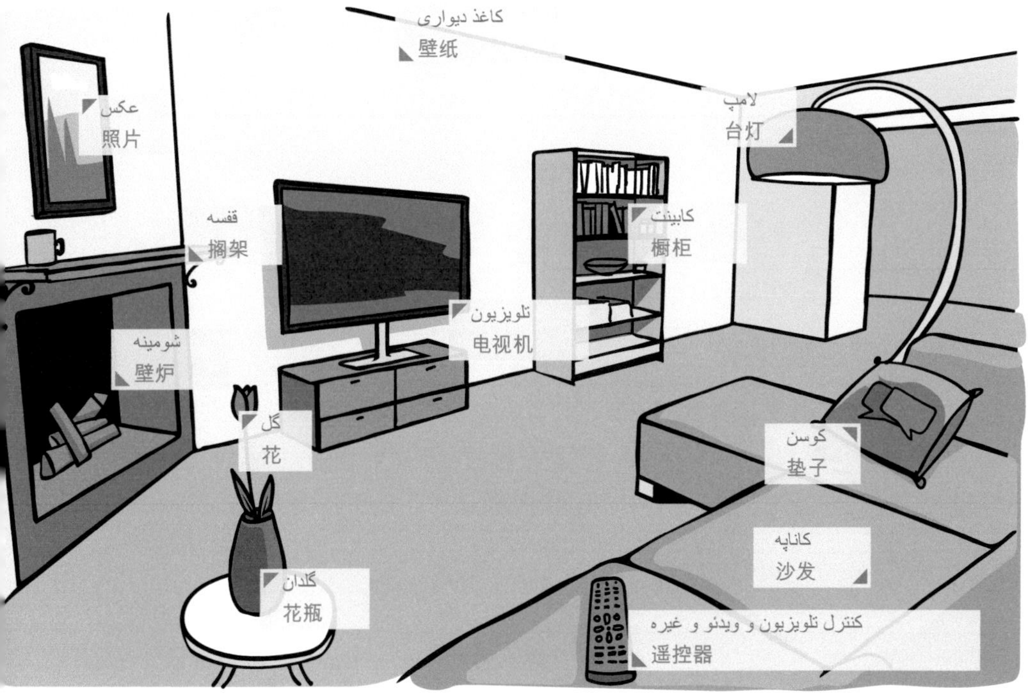

فرش

地毯

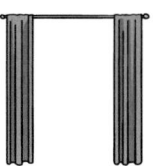

پرده

窗帘

میز

餐桌

صندلی

椅子

صندلی گهواره ایی

摇椅

صندلی راحتی

扶手椅

كتاب

书

لحاف

毯子

دكوراسيون

装饰品

هیزم

木柴

فیلم

电影

دستگاه ضبط صوت

高保真音响

كلید

钥匙

روزنامه

报纸

تابلو نقاشی

油画

پوستر

海报

رادیو

收音机

دفترچه یادداشت

笔记本

جاروبرقی

吸尘器

كاكتوس

仙人掌

شمع

蜡烛

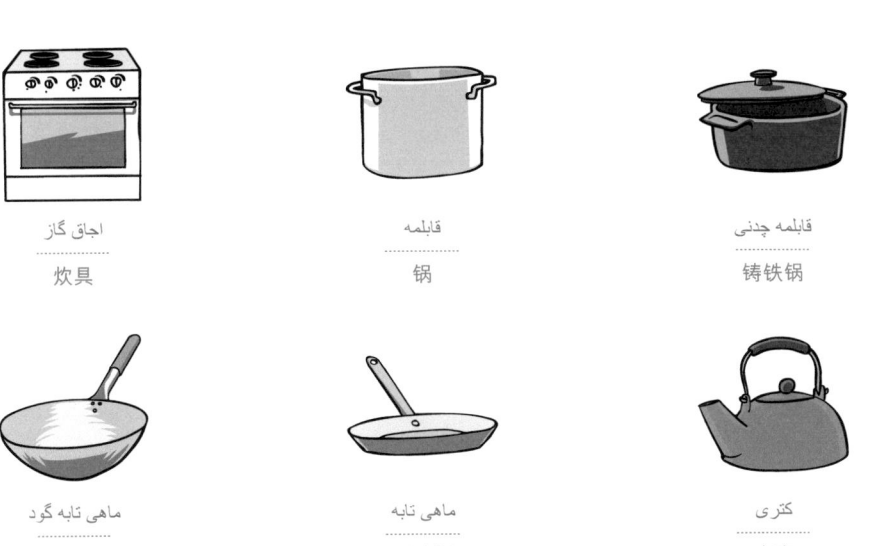

آشپزخانه
厨房

يخچال
冰箱
ماکروویو
微波炉
ترازوی آشپزخانه
厨房秤
تُستر
烤面包机
ماده شوینده و پاک کننده
洗洁精
فر خوراک پزی
烤箱
جایخی
冰柜
سطل آشغال
垃圾桶
ماشین ظرفشویی
洗碗机

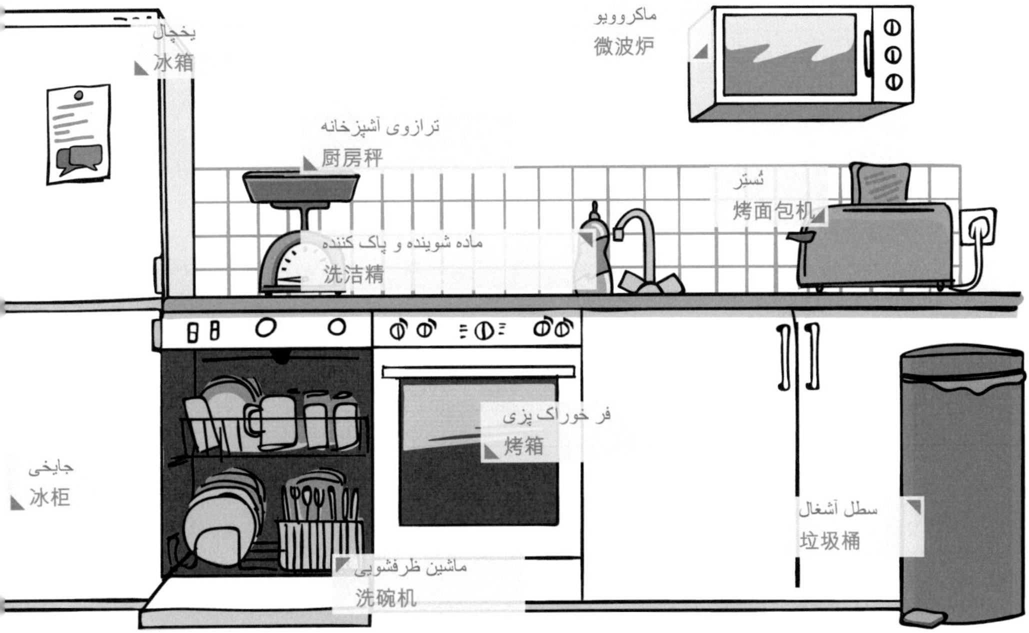

اجاق گاز

炊具

قابلمه

锅

قابلمه چدنی

铸铁锅

ماهی تابه گود

炒锅

ماهی تابه

平底锅

کتری

水壶

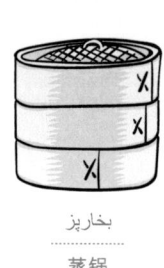

بخارپز

蒸锅

سینی فر

烤盘

ظرف چینی آشپزخانه

陶瓷锅

لیوان

马克杯

کاسه

碗

چاپستیک

筷子

ملاقه

长柄勺

کفگیر

铲子

همزن

搅拌器

آبکش

滤网

آبکش

筛子

رنده

磨碎机

هاون

研钵

باربیکیو

烧烤

محل مخصوص افروختن آتش

明火

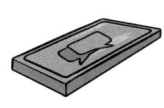

تخته گوشت و سبزی

菜板

وردنه

擀面杖

در بطری بازکن

开瓶器

قوطی

罐子

در قوطی بازکن

开罐器

دستگیره پارچه ای

隔热手套

سینک ظرفشویی

水槽

برس گردگیری

刷子

اسفنج

海绵

مخلوط کن

搅拌机

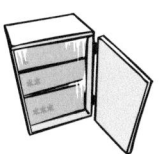

فریزر

冷藏箱

شیشه شیر بچه

奶瓶

شیر آب

水龙头

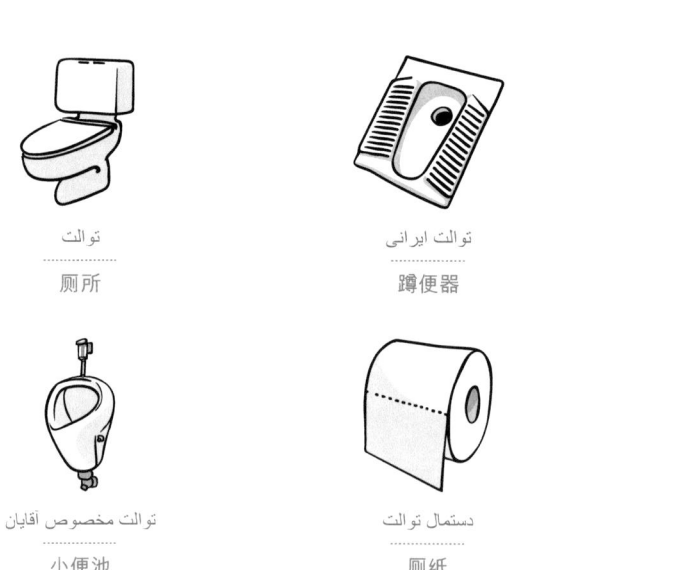

حمام
浴室

بخاری
供暖设备
دوش
淋浴
حوله
毛巾
پرده ی حمام
حمام کف
泡沫浴
وان حمام
浴缸
لیوان
玻璃杯
ماشین لباسشویی
洗衣机
شیر آب
水龙头
کاشی
瓷砖
لگن دستشویی کودکان
便壶
سینک ظرفشویی
水槽

توالت

厕所

توالت ایرانی

蹲便器

کاسه توالت

坐浴器

توالت مخصوص آقایان

小便池

دستمال توالت

厕纸

فرچه توالت

马桶刷

38 حمام - 浴室

مسواک

牙刷

خمیردندان

牙膏

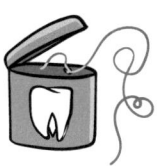

نخ دندان

牙线

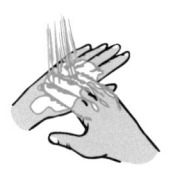

شستن

洗

دوش آب تلفنی

手持式喷淋头

شلنگ توالت

冲洗器

لگن روشویی

洗脸盆

برس شست و شوی پشت

擦背刷

صابون

肥皂

شامپو بدن

沐浴露

شامپو

洗发水

لیف حمام

法兰绒

راه آب

排水

کرم

乳霜

اسپری دئودورانت

除臭剂

آیینه

镜子

آیینه ی کوچک دستی

手镜

تیغ ریش تراشی

剃须刀

کف ریش‌تراشی

剃须泡沫

افترشیو

须后水

شانه ی سر

梳子

برس

刷子

سشوار

吹风机

اسپری مو

喷发定型剂

آرایش

化妆品

رژلب

唇膏

لاک ناخن

指甲油

پنبه

化妆棉

قیچی ناخن

指甲剪

عطر

香水

کیف لوازم آرایشی و بهداشتی

洗漱包

چهارپایه

凳子

ترازو

计重秤

حوله ی پالتویی

浴袍

دستکش ظرفشویی

橡胶手套

تامپون

卫生棉条

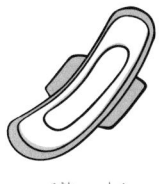

نوار بهداشتی

卫生巾

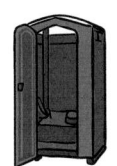

توالت سیار

化学厕所

اتاق بچه
儿童房

ساعت زنگدار
闹钟
نوعی عروسک نرم به شکل حیوانات
毛绒玩具
ماشین اسباب بازی
玩具车
جغجغه
拨浪鼓
خانه ی عروسکی
玩具屋
کادو
礼物

بادکنک

气球

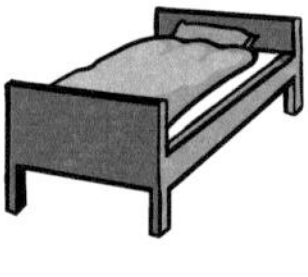

تخت خواب

床

کالسکه بچه

（洋娃娃用）婴儿车

بازی ورق

扑克牌

پازل

拼图

داستان مصور

漫画

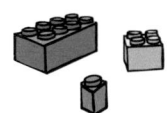

اسباب بازی لگو

乐高积木

خانه سازی

积木玩具

عروسک شخصیت های فیلم و کارتون

玩具人

لباس نوزاد

婴儿服

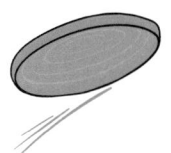

فریزبی

飞盘

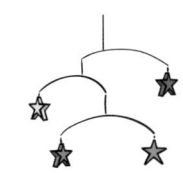

نوعی اسباب بازی که روی تخت نوزاد یا کودک نصب می شود

床铃玩具

بازی روی صفحه

棋盘游戏

تاس

骰子

قطار اسباب بازی

火车模型

پستانک

安抚奶嘴

مهمانی

聚会

کتاب مصور

绘本

توپ

球

عروسک

洋娃娃

بازی کردن

玩

جعبه شنی مخصوص بازی کودکان

沙坑

تاب

秋千

اسباب بازی

玩具

کنسول بازی های کامپیوتری

游戏机

سه چرخه

三轮车

خرس عروسکی

泰迪熊

کمد لباس

衣柜

لباس

衣服

جوراب

袜子

جوراب زنانه ساق بلند

长袜

جوراب شلواری

紧身裤

شال
围巾

چتر
雨伞

تی شرت
T恤

کمربند
皮带

پوتین
靴子

دمپایی
拖鞋

کفش ورزشی کتانی
运动鞋

صندل
凉鞋

کفش
鞋

چکمه پلاستیکی
雨靴

شرت
内裤

سوتین
胸罩

جلیقه
背心

بادی

身体

شلوار

裤子

جین

牛仔裤

دامن

短裙

بلوز

女式衬衫

پیراهن

衬衫

پولیور

套头衫

سویی شرت

卫衣

نوعی کت

西装夹克

ژاکت

夹克

کت بلند

外套

بارانی

雨衣

لباس نمایش

套装

لباس

连衣裙

لباس عروس

婚纱

کت و شلوار

西装

لباس خواب زنانه

睡袍

پیژامه

睡衣

ساری

莎丽

روسری

头巾

عمامه

包头巾

برقع

波卡

قبا

卡夫坦

عبا

(阿拉伯式)长袍

لباس شنا

泳衣

شرت شنا

男式泳裤

شلوارک

短裤

لباس ورزشی

运动服

پیشبند

围裙

دستکش

手套

دکمه

纽扣

عینک

眼镜

دستبند

手链

گردنبند

项链

انگشتر

戒指

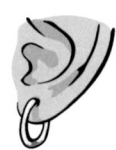

گوشواره

耳环

کلاه لبه دار

便帽

چوب لباسی

衣架

کلاه

帽子

کراوات

领带

زیپ

拉链

کلاه ایمنی

头盔

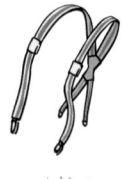

بند شلوار

背带

لباس مدرسه

校服

لباس فرم

制服

لباس - 衣服

پیش بند بچه

围兜

پستانک

安抚奶嘴

پوشک بچه

尿不湿

اداره

办公室

سرور
服务器
کمد نگهداری پرونده
文件柜
چاپگر
打印机
کاغذ
纸
مانیتور
显示屏
ماوس
鼠标
میز تحریر
زونکن
文件夹
صفحه کلید
键盘
سبد کاغذ باطله
کامپیوتر
电脑
صندلی
椅子

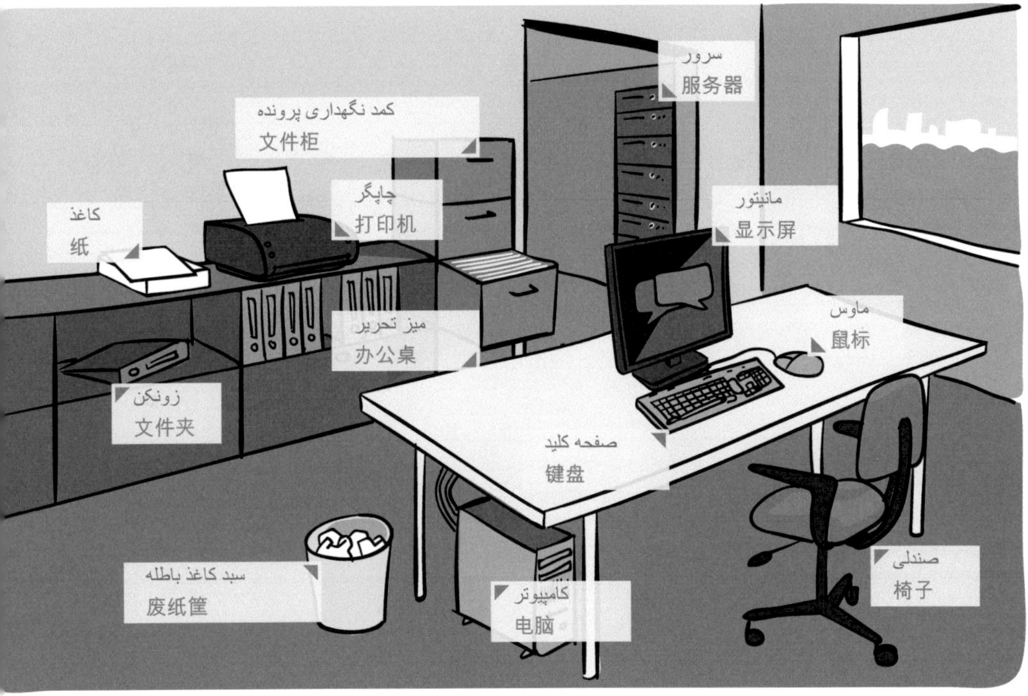

لیوان قهوه

咖啡杯

ماشین حساب

计算器

اینترنت

因特网

لپ تاپ

笔记本电脑

نامه

信件

پیغام

消息

تلفن همراه

手机

شبکه ی ارتباطی

网络

دستگاه فتوکپی

复印机

نرم افزار

软件

تلفن

电话

پریز

插座

دستگاه فاکس

传真机

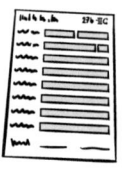

فرم

表格

مدرک

文件

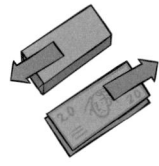

اقتصاد
经济

خریدن

买

پرداخت کردن

付钱

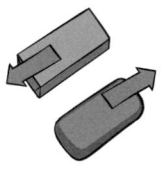

تجارت کردن

交易

پول

现金

دلار

美元

یورو

欧元

ین

日元

روبل

卢布

فرانک سوئیس

瑞士法郎

یوان رنمینبی

人民币

روپیه

卢比

دستگاه خودپرداز

提款处

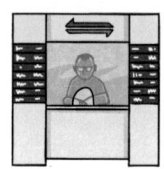

صرافى

外币兑换处

طلا

金

نقره

银

نفت

石油

انرژی

能源

قیمت

价格

قرارداد

合同

مالیات

税金

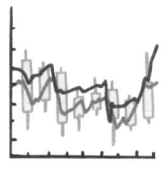

سهام سرمایه

股票

کار کردن

工作

کارمند

职员

کارفرما

老板

کارخانه

工厂

مغازه

商店

مشاغل
职业

مامور پلیس
警官
آتش نشان
消防员
厨师
دکتر
医生
خلبان
飞行员

باغبان

园丁

نجار

木匠

خیاط زنانه

裁缝

قاضی

法官

شیمیدان

化学家

بازیگر

演员

راننده اتوبوس

公交车司机

راننده تاکسی

出租车司机

ماهیگیر

渔夫

نظافتچی زن

清洁女工

سقف ساز

屋顶工

پیشخدمت رستوران

服务员

شکارچی

猎人

نقاش

画家

نانوا

面包师

برقکار

电工

کارگر ساختمانی

建筑工人

مهندس

工程师

قصاب

屠夫

لوله کش

水管工

پستچی

邮递员

سرباز

士兵

معمار

建筑师

صندوقدار

收银员

گل فروش

花农

آرایشگر

理发师

مامور کنترل بلیط در قطار

售票员

مکانیک

机械师

ناخدا

船长

دندانپزشک

牙医

دانشمند

科学家

عالم یهودی

拉比

امام

伊玛目

راهب

和尚

کشیش

牧师

ابزارآلات
工具

انبردست
钳子
چکش
铁锤
پیچ گوشتی
螺丝刀
آچار
扳手
چراغ قوه
手电筒

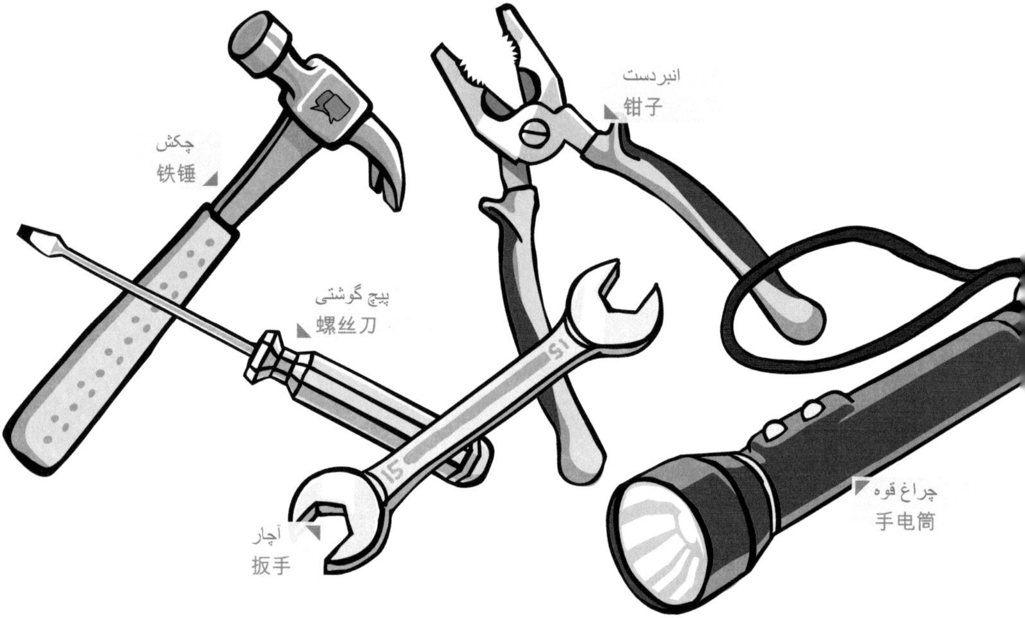

بیل مکانیکی

挖掘机

جعبه ابزار

工具箱

نردبان

梯子

ارّه

锯子

میخ

钉子

مته

钻机

تعمیر کردن

修

بیل

铲子

لعنتی!

靠！

خاک انداز

簸箕

سطل رنگرزی

油漆桶

پیچ

螺丝

آلات موسیقی
乐器

بلندگو
扬声器

درامز
打击乐器

گیتار
吉他 ▲

کنترباس
低音提琴

ترومپت
小号

پیانو

钢琴

ویولن

小提琴

گیتار بیس

贝斯

تیمپانی

定音鼓

طبل

鼓

کیبورد الکتریک

电子琴

ساکسیفون

萨克斯管

فلوت

长笛

میکروفون

麦克风

باغ وحش
动物园

ببر
老虎
ورودی
入口
قفس
笼子
گورخر
斑马
خوراک حیوانات
خرس پاندا
熊猫

حیوانات

动物

فیل

大象

کانگورو

袋鼠

کرگدن

犀牛

گوریل

大猩猩

خرس

熊

شتر

骆驼

شترمرغ

鸵鸟

شیر

狮子

میمون

猴子

فلامینگو

火烈鸟

طوطی

鹦鹉

خرس قطبی

北极熊

پنگوئن

企鹅

کوسه

鲨鱼

طاووس

孔雀

مار

蛇

تمساح

鳄鱼

نگهبان باغ وحش

动物园管理员

خوک آبی

海豹

پلنگ امریکایی

美洲豹

اسب کوچک

矮种马

پلنگ

豹

اسب آبی

河马

زرافه

长颈鹿

عقاب

老鹰

گراز

野猪

ماهی

鱼

لاک پشت

龟

شیرماهی

海象

روباه

狐狸

غزال

羚羊

ورزش ها

体育

فوتبال آمریکایی
橄榄球
دوچرخه سواری
骑自行车
تنیس
网球
بسکتبال
篮球
شنا
游泳
هاکی روی یخ
冰球
بوکس
拳击

فوتبال

英式足球

بدمینتون

羽毛球

دوومیدانی

田径

هندبال

手球

اسکی

滑雪

پولو

马球

فعالیت ها
活动

پریدن
跳
بغل کردن
拥抱
خندیدن
笑
راه رفتن
走路
آواز خواندن
唱
رؤیا دیدن
做梦
دعا کردن
祈祷
بوسیدن
亲吻

نوشتن
书写

رسم کردن
画

نشان دادن
展示

هل دادن
推

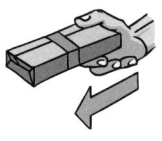

دادن
给

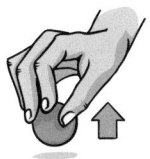

برداشتن
拿

داشتن

有

انجام دادن

做

بودن

当

ایستادن

站

دویدن

跑

کشیدن

拉

پرتاب کردن

扔

افتادن

摔倒

دراز کشیدن

躺

منتظر بودن

等待

حمل کردن

携带

نشستن

坐

لباس پوشیدن

穿衣

خوابیدن

睡觉

بیدار شدن

醒来

تماشا کردن

看

گریه کردن

哭

نوازش کردن

抚摸

شانه کردن

梳头

حرف زدن

交谈

فهمیدن

明白

پرسیدن

问

شنیدن

听

آشامیدن

喝

خوردن

吃

مرتب کردن

清理

عاشق بودن

爱

پختن

做饭

رانندگی کردن

开车

پرواز کردن

飞

قایقرانی کردن

航行

محاسبه کردن

计算

خواندن

读

یاد گرفتن

学习

کار کردن

工作

ازدواج کردن

结婚

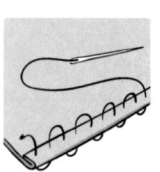

دوختن

缝

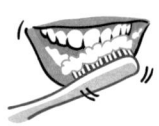

مسواک زدن

刷牙

کشتن

杀

سیگار کشیدن

抽烟

فرستادن

寄

خانواده
家

مادربزرگ
祖母
پدربزرگ
祖父
پدر
父亲
مادر
母亲
کودک
婴童
فرزند دختر
女儿
فرزند پسر
儿子

مهمان

客人

خاله، عمه

阿姨

دایی، عمو

叔叔

برادر

兄弟

خواهر

姐妹

بدن

身体

پیشانی
前额
چشم
眼睛
صورت
脸
چانه
下巴
سینه
乳房
انگشت دست
手指
دست
手
بازو
手臂
شانه
肩膀
ساق پا
腿

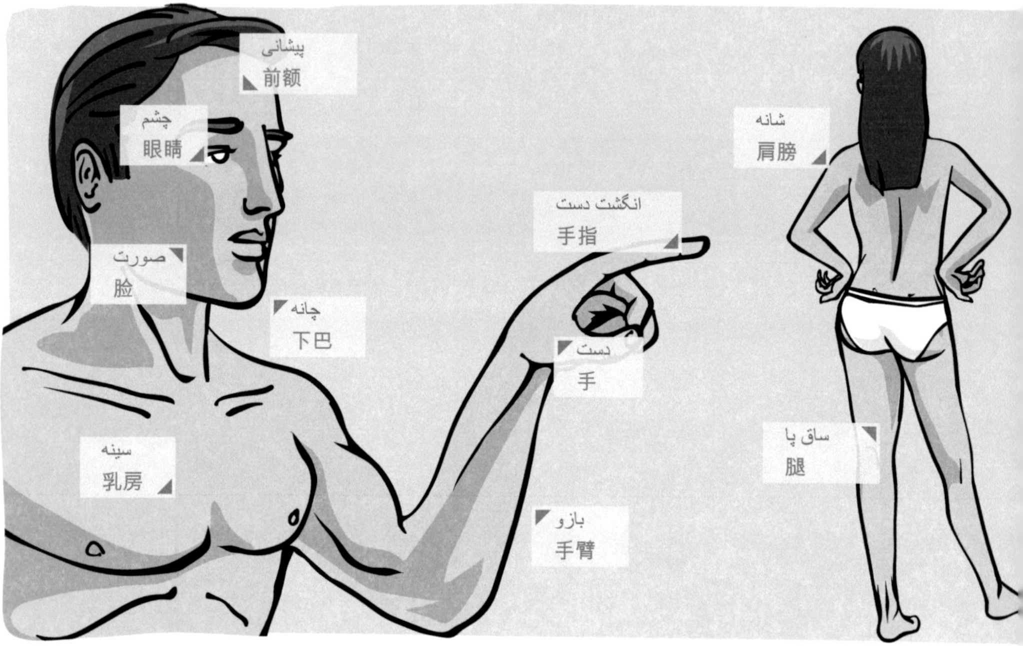

کودک

婴童

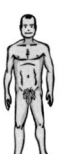

مرد

男人

زن

女人

دختربچه

女孩

پسربچه

男孩

کله

头

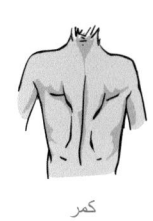

کمر

背部

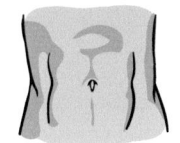

شکم

肚子

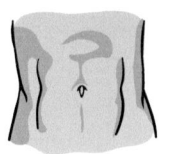

ناف

肚脐

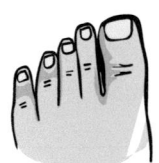

انگشت پا

脚趾

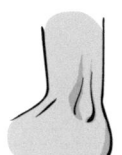

پاشنه

脚后跟

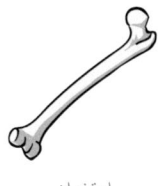

استخوان

骨头

لگن

臀部

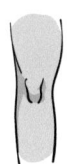

زانو

膝盖

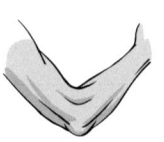

آرنج

手肘

بینی

鼻子

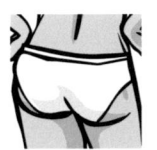

نشیمنگاه

屁股

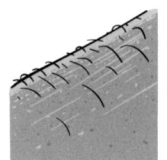

پوست

皮肤

گونه

脸颊

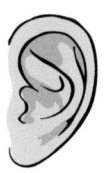

گوش

耳朵

لب

嘴唇

دهان

嘴

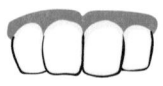

دندان

牙齿

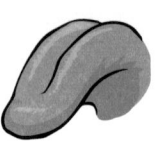

زبان

舌头

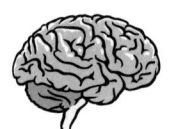

مغز

脑

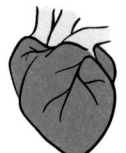

قلب

心脏

عضله

肌肉

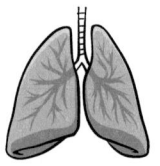

ریه

肺

کبد

肝脏

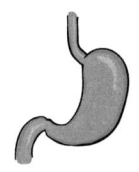

معده

胃

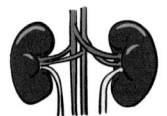

کلیه

肾脏

آمیزش جنسی

性交

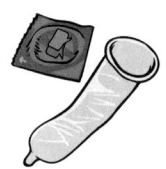

کاندوم

避孕套

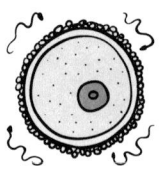

تخمک

卵子

اسپرم

精子

حاملگی

怀孕

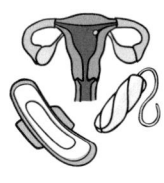

پريود

月经

واژن

阴道

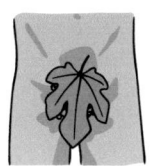

آلت تناسلی مرد

阴茎

ابرو

眉毛

مو

头发

گردن

脖子

بیمارستان

医院

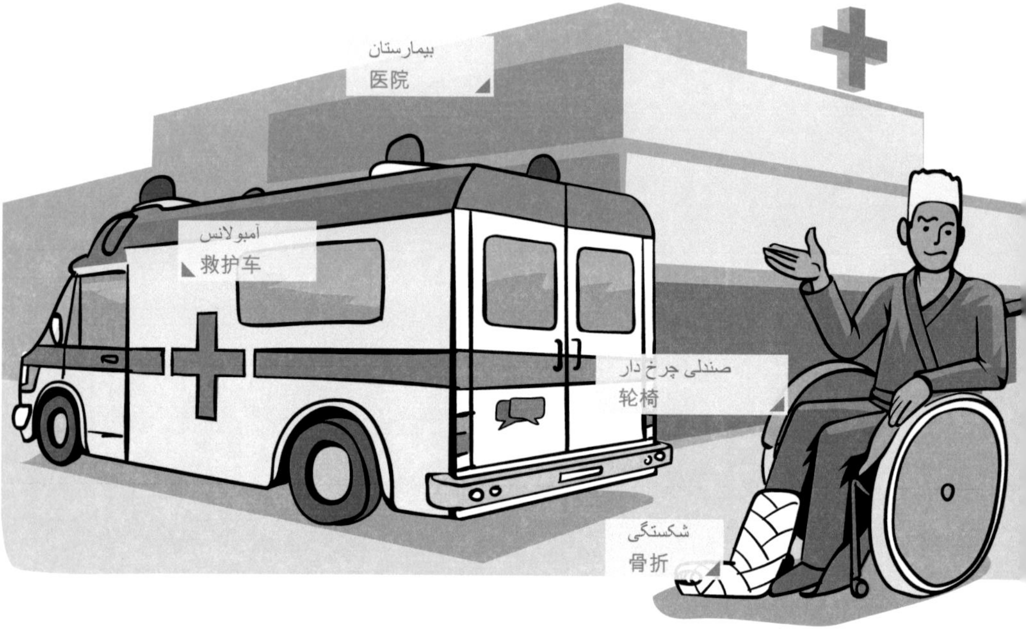

بیمارستان
医院
آمبولانس
救护车
صندلی چرخ دار
轮椅
شکستگی
骨折

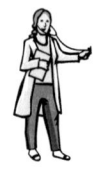

دکتر

医生

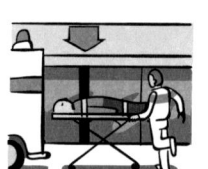

بخش اورژانس

急诊室

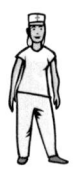

پرستار

护士

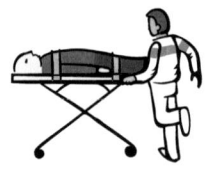

موقعیت اضطراری

紧急情况

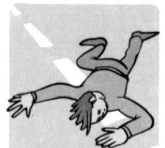

بی هوش

昏迷

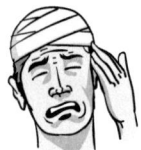

درد

痛

مصدومیت

受伤

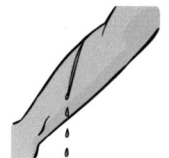

خونریزی

出血

سکته قلبی

心脏病发作

سکته مغزی

中风

آلرژی

过敏

سرفه

咳嗽

تب

发烧

آنفولانزا

流感

اسهال

腹泻

سردرد

头痛

سرطان

癌症

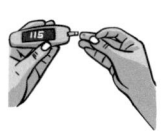

دیابت

糖尿病

جراح

外科医生

چاقوی جراحی

手术刀

عمل جراحی

手术

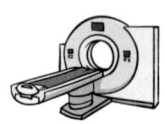

سی تی اسکن

CT

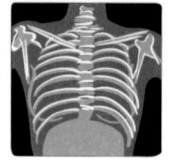

پرتونگاری

X光

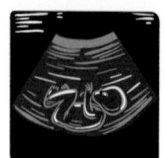

سونوگرافی

超声波

ماسک صورت

口罩

بیماری

疾病

اتاق انتظار

候诊室

چوب زیر بغل

拐杖

چسب زخم

石膏

پانسمان

绷带

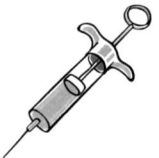

تزریق

注射

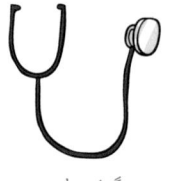

گوشی طبی

听诊器

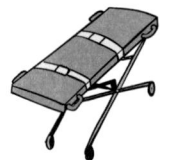

برانکار

担架

دماسنج

体温计

زایش

出生

اضافه وزن

超重

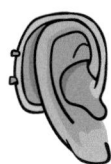

سمعک

助听器

ماده ضد غفونی کننده

消毒液

عفونت

感染

ویروس

病毒

اچ آی وی / ایدز

艾滋病

دارو

药物

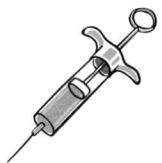

واکسیناسیون

接种疫苗

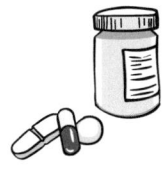

قرص

药片

قرص ضد حاملگی

药丸

تماس اظطراری

急救电话

دستگاه اندازه گیری فشارخون

血压计

مریض / سالم

生病/健康

موقعیت اضطراری

紧急情况

کمک!

救命！

آژیر خطر

警报

حمله

突击

حمله ی فیزیکی

攻击

خطر

危险

خروج اظطراری

紧急出口

آتش

着火啦！

کپسول آتش‌نشانی

灭火器

تصادف

意外

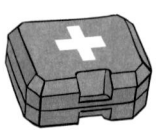

جعبه کمک های اولیه

急救箱

درخواست کمک

呼救信号

پلیس

警察

کره زمین

地球

اروپا

欧洲

آمریکای شمالی

北美洲

آمریکای جنوبی

南美洲

آفریقا

非洲

آسیا

亚洲

استرالیا

澳洲

اقیا نوس اطلس

大西洋

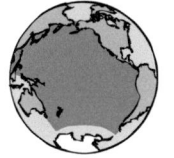

اقیانوس آرام

太平洋

اقیانوس هند

印度洋

اقیا نوس اطلس جنوبی

南冰洋

اقیانوس منجمد شمالی

北冰洋

قطب شمال

北极

قطب جنوب

南极

قاره قطب جنوب

南极洲

کره زمین

地球

سرزمین

陆地

دریا

海

جزیره

岛

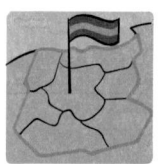

ملت

国家

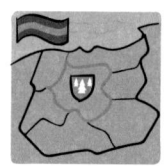

کشور

国家

ساعت
钟表

صفحه ی ساعت

钟面

ساعت شمار

时针

دقیقه شمار

分针

ثانیه شمار

秒针

ساعت چند است؟

现在几点？

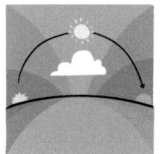

روز

天

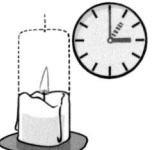

زمان

时间

اکنون

现在

ساعت دیجیتال

电子表

دقیقه

分

ساعت

时

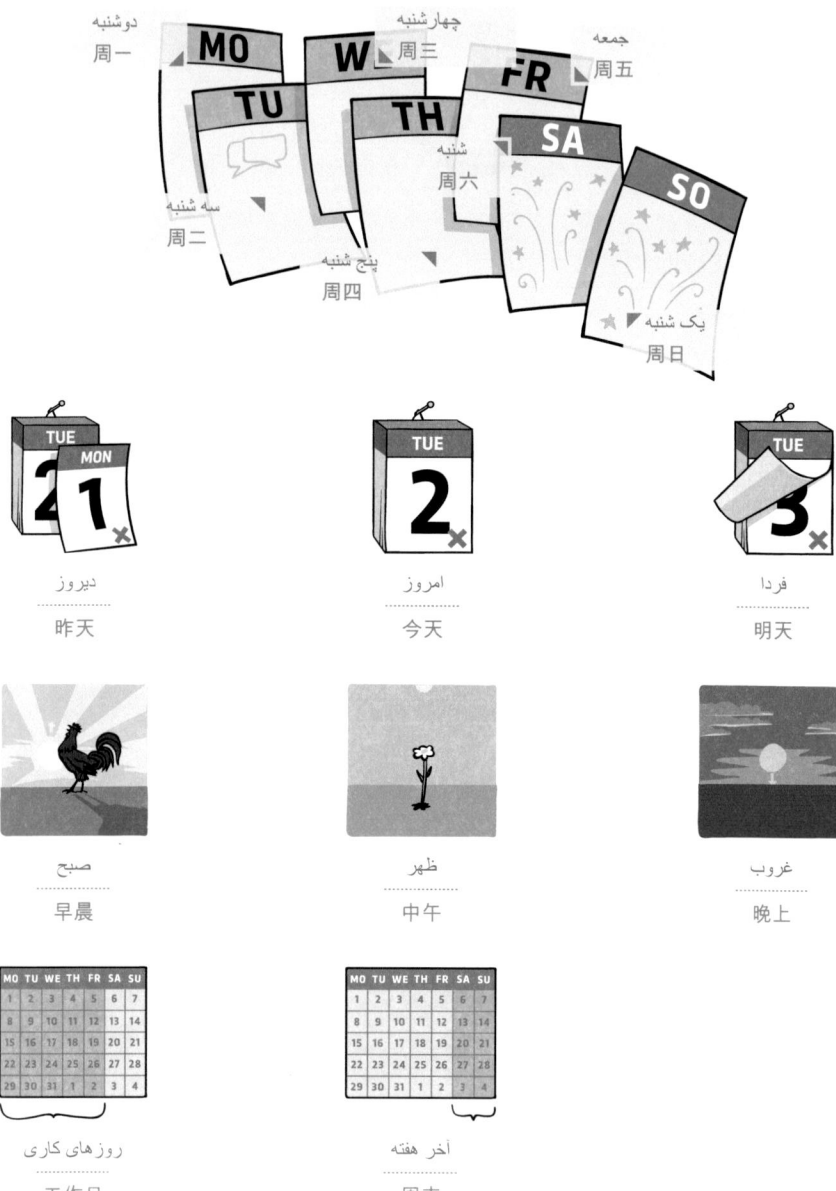

هفته

周

دوشنبه
MO
TU
سه شنبه
周二
W
چهارشنبه
周三
TH
پنج شنبه
周四
FR
جمعه
周五
SA
شنبه
周六
SO
یک شنبه
周日

دیروز

昨天

امروز

今天

فردا

明天

صبح

早晨

ظهر

中午

غروب

晚上

روزهای کاری

工作日

آخر هفته

周末

سال
年

باران
雨
رنگین کمان
彩虹
باد
风
برف
雪
بهار
春
夏
پاییز
秋
زمستان
冬

پیش‌بینی اوضاع جوی
天气预报

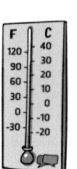

دماسنج
温度计

تابش آفتاب
阳光

ابر
云

مِه
雾

رطوبت هوا
潮湿

صاعقه

闪电

آسمان غره

打雷

طوفان

风暴

تگرگ

冰雹

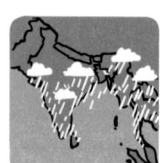

باد موسمی

季风

سیل

洪水

یخ

冰

ژانویه

一月

فوریه

二月

مارس

三月

آوریل

四月

مه

五月

ژوئن

六月

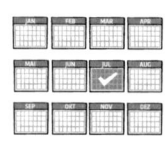

ژوئیه

七月

آگوست

八月

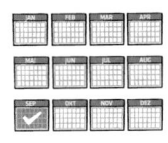

سپتامبر

九月

اُکتبر

十月

نوامبر

十一月

دسامبر

十二月

آشکال

形状

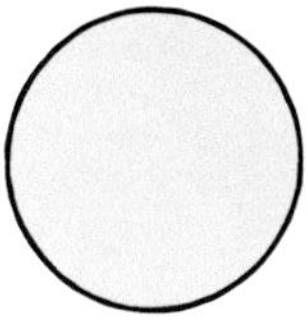

دایره

圆形

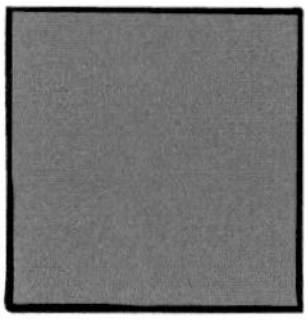

مربع

正方形

مستطیل

长方形

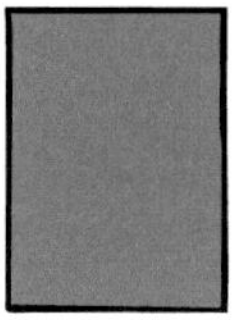

سه گوش

三角形

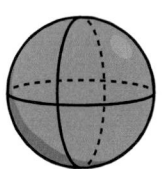

کُره

球体

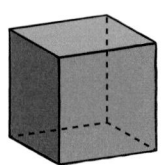

مکعب مربع

立方体

رنگ ها

颜色

سفید

白

زرد

黄

نارنجی

橙

صورتی

粉

قرمز

红

بنفش

紫

آبی

蓝

سبز

绿

قهوه ای

棕

خاکستری

灰

سیاه

黑

متضاد ها
反义词

خیلی / کم

很多/少许

خشمگین/ آرام

生气/平静

زیبا / زشت

美/丑

شروع / پایان

首/尾

بزرگ / کوچک

大/小

روشن / تیره

明/暗

برادر / خواهر

兄弟/姐妹

تمیز / آلوده

干净/肮脏

کامل / ناقص

完整/缺失

روز / شب

白天/晚上

مرده / زنده

死/生

پهن / باریک

宽/窄

قابل خوردن / غیر قابل خوردن

可食用/非食用

غضبناک / مهربان

邪恶/善良

هیجان زده / بی حوصله

兴奋/无聊

چاق / لاغر

胖/瘦

اولین / آخرین

第一/最后

دوست / دشمن

朋友/敌人

پر / خالی

满/空

سفت / نرم

硬/软

سنگین / سبک

重/轻

گرسنگی / تشنگی

饿/渴

مریض / سالم

生病/健康

غیرقانونی / قانونی

非法/合法

باهوش / خنگ

聪明/愚笨

چپ / راست

左/右

نزدیک / دور

近/远

نو / استفاده شده

新/旧

هیچ چیز / چیزی

没有/有些

پیر / جوان

老/幼

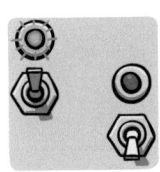

روشن / خاموش

开/关

باز / بسته

打开/合上

آهسته / بلند

安静/吵闹

ثروتمند / فقیر

富/穷

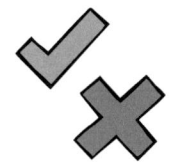

درست / غلط

对/错

زبر / صاف

粗糙/光滑

غمگین / خوشحال

伤心/高兴

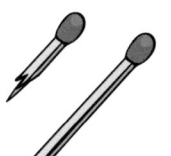

کوتاه / بلند

短/长

کند / تند

慢/快

تَر / خشک

湿/干

گرم / خنک

温暖/凉爽

جنگ / صلح

战争/和平

اعداد

数字

0

صفر

零

1

یک

一

2

دو

二

3

سه

三

4

چهار

四

5

پنج

五

6

شش

六

7

هفت

七

8

هشت

八

9

نه

九

10

دَه

十

11

یازده

十一

12	13	14
دوازده	سیزده	چهارده
十二	十三	十四
15	16	17
پانزده	شانزده	هفده
十五	十六	十七
18	19	20
هجده	نوزده	بیست
十八	十九	二十
100	1.000	1.000.000
صد	هزار	میلیون
百	千	百万

زبان ها
语言

انگلیسی

英语

انگلیسی آمریکایی

美式英语

چینی ماندارین

普通话

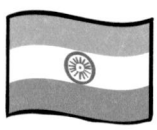

هندی

印地语

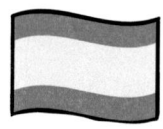

اسپانیایی

西班牙语

فرانسوی

法语

عربی

阿拉伯语

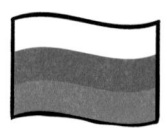

روسی

俄语

پرتغالی

葡萄牙语

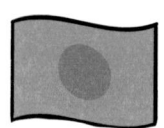

بنگالی

孟加拉语

آلمانی

德语

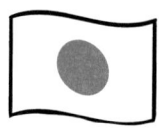

ژاپنی

日语

چه کسی / چه چیزی / چگونه

谁/什么/怎样

من

我

تو

你

او

他/她/它

ما

我们

شما

你们

آنها

他们

چه کسی؟ کی؟

谁？

چی؟

什么？

چگونه؟

怎样？

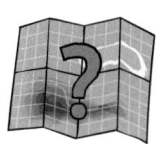

کجا؟

哪里？

کی؟

什么时候？

نام

名字

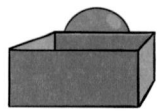

کجا
方位

پشت

后面

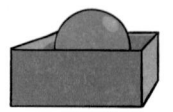

توی

里面

جلو

前面

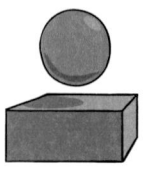

بالای

上方

روی

上面

زیر

下面

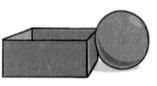

مجاور

旁边

بین

中间

مکان

地点